La ZOO

Löcher!

Das verrückteste Malbuch der Welt für kleine Künstler ab 5

COPPENRATH

Hast du so ein Malbuch schon einmal gesehen?
Die Seiten haben Löcher! Und die malst du an!

Wenn du die Seiten umblätterst,
verwandeln sich die Bilder
plötzlich in etwas ganz anderes.

Halte das
Blatt fest und
male die Löcher
vorsichtig
aus.

Such dir
deine liebsten
Stifte aus und
los geht's!

Schau mal! Die Löcher werden zu Autoreifen!

Bevor du es merkst,
hat sich dein Bild verwandelt.
Es ist wie Zauberei!

Lecker!
Die bunten Löcher
werden zu Eiskugeln!

Die Eiskugeln haben die gleiche Farbe
wie die Löcher auf der anderen Seite!

Mein Eis bekommt
eine Kirsche!

Wenn du die Löcher
ausgemalt hast, kannst
du noch mehr Sachen
auf die Seite malen.

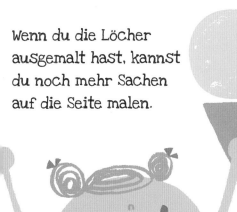

Jetzt bist du dran!
Bring die Blumen in deinen Lieblingsfarben zum Leuchten.

Diese Blumen haben Löcher.
Schnapp dir deine schönsten Stifte und male sie aus.

Schau mal! Die Löcher werden zu Schmetterlingen!

Welche Muster haben die Flügel der anderen Schmetterlinge?

Danke für die niedlichen Schleifen!

Male die Baseball-Kappen bunt aus.

Male die weißen Autos bunt aus.

Na, so was: Die Baseball-Kappen
haben sich in Autos verwandelt!

Oh, nein! Da sind Löcher im Pullover.
Stopfe sie schnell mit einem roten Stift!

Zeichne noch mehr Äpfel.

Die Löcher haben sich in rote Äpfel verwandelt!

Der Junge hat ein großes Quadrat gemalt.

Kannst du das auch?

Die Löcher werden zu einem Zug!

aggon!
och Schienen dazu?

Hier wird aus einem Loch ein Haus.

Hups, ein Haus ist noch nicht fertig!
Male ein paar bunte Blumen um die Häuser.
Was fällt dir noch ein?

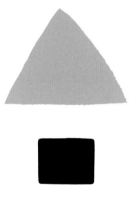

Jetzt hat sich das Loch in ein
Geschenkpäckchen verwandelt.

Male schöne Bänder an die Geschenke!

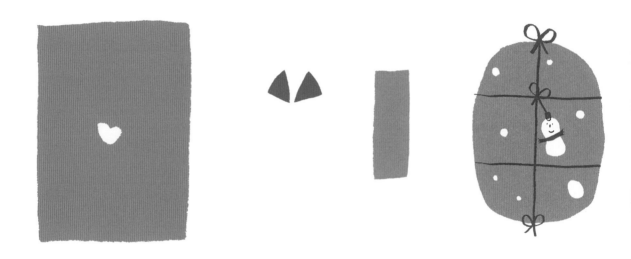

Male die weißen Löcher mit einem schwarzen Stift aus.

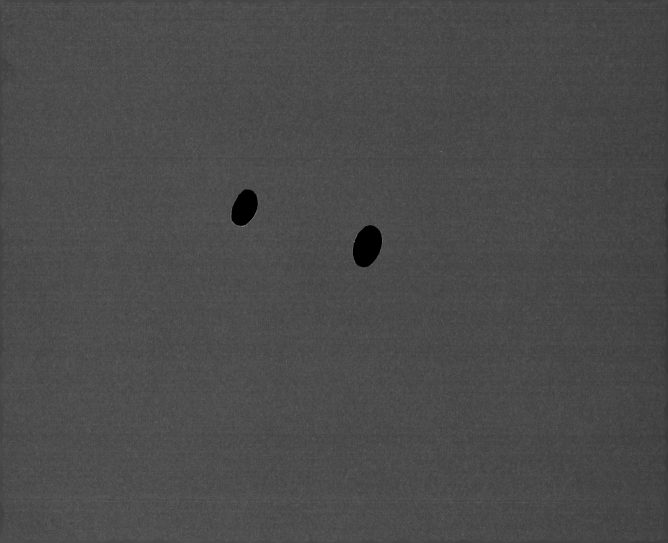

Hui! Die frechen Geister spuken im Dunkeln.
Welcher Geist bekommt die längste Zunge?

Buh!

Male die Löcher bunt aus.
Hast du eine Idee, in was
sie sich verwandeln?

Der Schmetterling hat noch nie eine Schlange mit lustigen Punkten gesehen. Du?

Danke für die Punkte!
Was meinst du: Sehe ich gut damit aus?

Ich will auch Punkte!

Male die Löcher kunterbunt aus.
In was verwandeln sie sich?

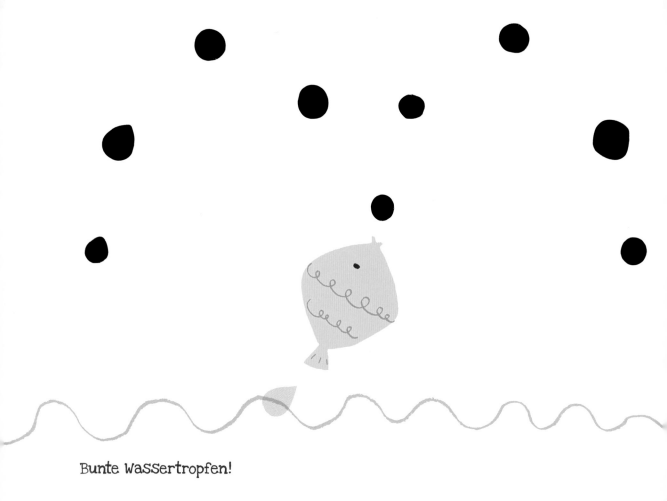

Bunte Wassertropfen!

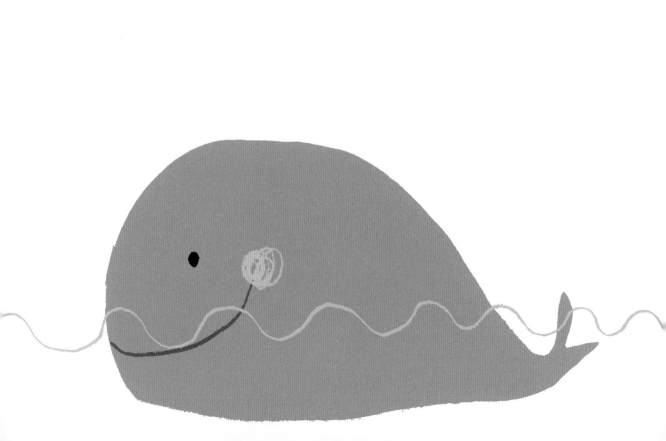

Male das Loch aus, das wie ein Dreieck aussieht, und verwandele es so in einen Baum.

Das Loch wird zu einem Zelt!

Die anderen Zelte brauchen
auch Fahnen.

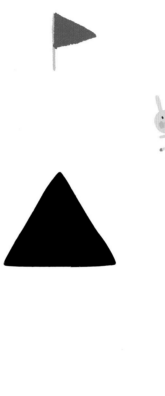

Das Loch hat sich in eine Flosse verwandelt!

Male noch mehr Fische in den See!

Male die Löcher bunt aus.

Danke für das
schöne Kleid!

Die zwei kleinen Kraken
spritzen Tinte in das Loch.
Male es mit vielen Kreisen
und Wellenmustern aus.

So mache ich das!

Okay, jetzt bin
ich dran!

Na, so was! Die Tinte der kleinen Kraken
wird zu einem Bart!

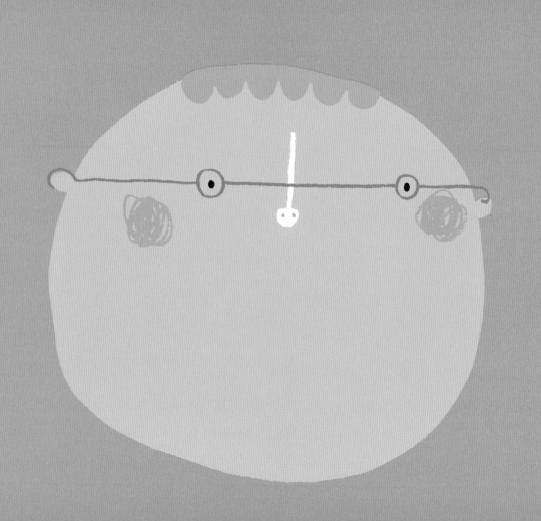

Hier ist noch ein Loch.
Male es rot aus.

Hey! Wer hat
meine Nase
angemalt?

Das Mädchen hat
einen runden Ball
gezeichnet.

Kannst du das auch?

Schau mal! Heißluftballons!

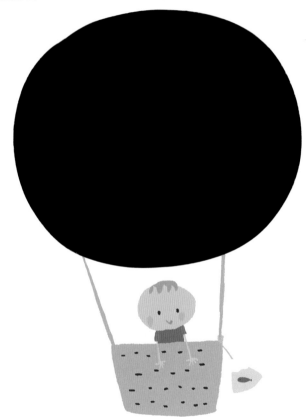

Die Löcher verwandeln sich
in Hubschrauber!

Male den Hubschrauber fertig.
Wer ist hier noch alles zu sehen?

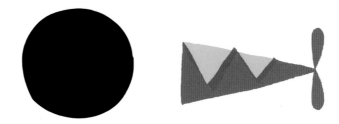

Schau mal: Die Löcher werden zu Luftballons!

Male Luftballons für alle Kinder!

In der Reihe sind auch erschienen:

ISBN 978-3-649-61119-6

ISBN 978-3-649-61120-2

ISBN 978-3-649-61122-6

5 4 3 2 1   16 15 14 13 12
ISBN 978-3-649-61121-9

© 2012 der deutschen Ausgabe:
Coppenrath Verlag GmbH & Co. KG, 48155 Münster,
Germany

Originalausgabe:
The King of Play Book „Odekakekun: Anaboko
Nuru Hon"
© 2004 La ZOO/GAKKEN
First published in Japan 2004 by Gakken Co., Ltd.,
Tokyo
German translation rights arranged with Gakken
Education Publishing Co., Ltd.

Text und Illustrationen: La ZOO
Deutscher Text: Mareike Upheber
Redaktion: Susanne Tommes